TODOS LOS ARGUMENTOS

ÉTICOS, LEGALES Y MORALES

SEGÚN LA LEGISLACIÓN INTERNACIONAL

DEL BLOQUEO

A CUBA

Conozca todos los argumentos legales y de todo tipo que justifican el injusto y genocida bloqueo económico impuesto por parte de EEUU al pueblo de CUBA durante más de 50 años y que dura hasta nuestros días. Como era de esperar, no se encontró un solo argumento…

Skinbombo Creative Factory

Skinbombo Creative Factory

ABAJO el Bloqueo YA!!!!

DEDICATORIA

Este libro está dedicado a todas las personas que de un modo u otro han sufrido y sufren con el injusto y genocida bloqueo económico impuesto por los EEUU al pueblo de CUBA, durante más de 50 años.

También va dedicado en cierta manera a una organización que supuestamente vela por los derechos de cada pueblo, la ONU, quien después de continuas votaciones a favor de eliminar dicho bloqueo, sigue haciendo caso omiso a la comunidad internacional. ¿Por qué será...?.

Cada uno lucha a su manera, unos cantando, otros pintando, otros gritando, otros... Pero, la cosa es seguir luchando por las causas justas.

Skinbombo Creative Factory *es el autor de una serie de libros para gente inteligente, sentido crítico y que ve las cosas de otra forma. Ya se sabe, a buen entendedor...*
Con su colección "Write in White" queremos decir las cosas claras pero de una forma diferente... Sin tantas palabras, pero con mucho, mucho humor.

AVISO IMPORTANTE

Este libro es solamente para gente inteligente, con sentido crítico y que ve las cosas de otra forma. Ya se sabe, a buen entendedor...

No se sorprenda por lo que va a encontrar en su interior, recapacite antes de llegar a una conclusión. Este libro es sencillamente el claro reflejo de su reivindicativo título.

Si usted no está de acuerdo con su contenido, siempre le queda la opción de modificarlo a su gusto, o darle cualquier otra brillante utilidad (cosa de la que estamos seguros, es capaz) como puede ser: agenda, libro de apuntes, libreta de direcciones, libro de contabilidad... Continúe y Usted decide

NOTA – No se encontró ninguno –

ABAJO el Bloqueo YA!!!!

NOTA — No se encontró ninguno —

NOTA – No se encontró ninguno –

ABAJO el Bloqueo YA!!!!

NOTA – No se encontró ninguno –

NOTA – No se encontró ninguno –

NOTA – No se encontró ninguno –

ABAJO el Bloqueo YA!!!!

NOTA — No se encontró ninguno —

ABAJO el Bloqueo YA!!!!

NOTA - No se encontró ninguno -

NOTA — No se encontró ninguno —

NOTA — No se encontró ninguno —

ABAJO el Bloqueo YA!!!!

NOTA - No se encontró ninguno -

ABAJO el Bloqueo YA!!!!

NOTA — No se encontró ninguno —

ABAJO el Bloqueo YA!!!!

NOTA – No se encontró ninguno –

NOTA – No se encontró ninguno –

ABAJO el Bloqueo YA!!!!

NOTA — No se encontró ninguno —

NOTA — No se encontró ninguno —

NOTA — No se encontró ninguno —

ABAJO el Bloqueo YA!!!!

NOTA – No se encontró ninguno –

NOTA — No se encontró ninguno —

ABAJO el Bloqueo YA!!!!

NOTA — No se encontró ninguno —

NOTA — No se encontró ninguno —

ABAJO el Bloqueo YA!!!!

NOTA — No se encontró ninguno —

ABAJO el Bloqueo YA!!!!

NOTA – No se encontró ninguno –

NOTA — No se encontró ninguno —

ABAJO el Bloqueo YA!!!!

NOTA — No se encontró ninguno —

ABAJO el Bloqueo YA!!!!

NOTA — No se encontró ninguno —

NOTA — No se encontró ninguno —

NOTA - No se encontró ninguno -

NOTA – No se encontró ninguno –

NOTA — No se encontró ninguno —

NOTA — No se encontró ninguno —

ABAJO el Bloqueo YA!!!!

NOTA – No se encontró ninguno –

NOTA - No se encontró ninguno -

ABAJO el Bloqueo YA!!!!

NOTA - No se encontró ninguno -

NOTA – No se encontró ninguno –

NOTA — No se encontró ninguno —

NOTA — No se encontró ninguno —

ABAJO el Bloqueo YA!!!!

NOTA — No se encontró ninguno —

ABAJO el Bloqueo YA!!!!

NOTA — No se encontró ninguno —

ABAJO el Bloqueo YA!!!!

NOTA – No se encontró ninguno –

NOTA — No se encontró ninguno —

NOTA - No se encontró ninguno -

NOTA — No se encontró ninguno —

ABAJO el Bloqueo YA!!!!

NOTA — No se encontró ninguno —

ABAJO el Bloqueo YA!!!!

NOTA — No se encontró ninguno —

ABAJO el Bloqueo YA!!!!

NOTA — No se encontró ninguno —

NOTA – No se encontró ninguno –

ABAJO el Bloqueo YA!!!!

NOTA – No se encontró ninguno –

NOTA — No se encontró ninguno —

ABAJO el Bloqueo YA!!!!

NOTA — No se encontró ninguno —

NOTA – No se encontró ninguno –

NOTA — No se encontró ninguno —

NOTA — No se encontró ninguno —

ABAJO el Bloqueo YA!!!!

NOTA — No se encontró ninguno —

ABAJO el Bloqueo YA!!!!

NOTA – No se encontró ninguno –

NOTA – No se encontró ninguno –

NOTA – No se encontró ninguno –

NOTA – No se encontró ninguno –

ABAJO el Bloqueo YA!!!!

NOTA – No se encontró ninguno –

NOTA — No se encontró ninguno —

NOTA – No se encontró ninguno –

ABAJO el Bloqueo YA!!!!

NOTA — No se encontró ninguno —

NOTA — No se encontró ninguno —

NOTA — No se encontró ninguno —

ABAJO el Bloqueo YA!!!!

NOTA — No se encontró ninguno —

ABAJO el Bloqueo YA!!!!

NOTA — No se encontró ninguno —

ABAJO el Bloqueo YA!!!!

NOTA — No se encontró ninguno —

ABAJO el Bloqueo YA!!!!

NOTA — No se encontró ninguno —

NOTA — No se encontró ninguno —

NOTA — No se encontró ninguno —

NOTA – No se encontró ninguno –

NOTA — No se encontró ninguno —

ABAJO el Bloqueo YA!!!!

NOTA - No se encontró ninguno -

ABAJO el Bloqueo YA!!!!

NOTA — No se encontró ninguno —

ABAJO el Bloqueo YA!!!!

NOTA – No se encontró ninguno –

ABAJO el Bloqueo YA!!!!

NOTA - No se encontró ninguno -

ABAJO el Bloqueo YA!!!!

NOTA — No se encontró ninguno —

NOTA — No se encontró ninguno —

ABAJO el Bloqueo YA!!!!

NOTA - No se encontró ninguno -

ABAJO el Bloqueo YA!!!!

NOTA – No se encontró ninguno –

NOTA – No se encontró ninguno –

ABAJO el Bloqueo YA!!!!

NOTA – No se encontró ninguno –

NOTA - No se encontró ninguno -

NOTA — No se encontró ninguno —

NOTA - No se encontró ninguno -

ABAJO el Bloqueo YA!!!!

NOTA — No se encontró ninguno —

NOTA — No se encontró ninguno —

NOTA – No se encontró ninguno –

NOTA – No se encontró ninguno –

ABAJO el Bloqueo YA!!!!

NOTA - No se encontró ninguno -

NOTA — No se encontró ninguno —

NOTA – No se encontró ninguno –

NOTA - No se encontró ninguno -

NOTA – No se encontró ninguno –

ABAJO el Bloqueo YA!!!!

NOTA - No se encontró ninguno -

ABAJO el Bloqueo YA!!!!

NOTA – No se encontró ninguno –

ABAJO el Bloqueo YA!!!!

NOTA – No se encontró ninguno –

ABAJO el Bloqueo YA!!!!

NOTA — No se encontró ninguno —

NOTA – No se encontró ninguno –

NOTA – No se encontró ninguno –

ABAJO el Bloqueo YA!!!!

NOTA — No se encontró ninguno —

NOTA – No se encontró ninguno –

NOTA — No se encontró ninguno —

NOTA – No se encontró ninguno –

NOTA — No se encontró ninguno —

ABAJO el Bloqueo YA!!!!

NOTA — No se encontró ninguno —

NOTA — No se encontró ninguno —

NOTA – No se encontró ninguno –

ABAJO el Bloqueo YA!!!!

NOTA — No se encontró ninguno —

NOTA – No se encontró ninguno –

NOTA – No se encontró ninguno –

NOTA – No se encontró ninguno –

ABAJO el Bloqueo YA!!!!

NOTA — No se encontró ninguno —

ABAJO el Bloqueo YA!!!!

NOTA — No se encontró ninguno —

ABAJO el Bloqueo YA!!!!

NOTA — No se encontró ninguno —

ABAJO el Bloqueo YA!!!!

NOTA – No se encontró ninguno –

ABAJO el Bloqueo YA!!!!

NOTA - No se encontró ninguno -

ABAJO el Bloqueo YA!!!!

NOTA — No se encontró ninguno —

ABAJO el Bloqueo YA!!!!

NOTA – No se encontró ninguno –

NOTA – No se encontró ninguno –

NOTA — No se encontró ninguno —

NOTA — No se encontró ninguno —

NOTA – No se encontró ninguno –

NOTA – No se encontró ninguno –

ABAJO el Bloqueo YA!!!!

NOTA - No se encontró ninguno -

ABAJO el Bloqueo YA!!!!

NOTA — No se encontró ninguno —

NOTA – No se encontró ninguno –

ABAJO el Bloqueo YA!!!!

NOTA – No se encontró ninguno –

NOTA – No se encontró ninguno –

ABAJO el Bloqueo YA!!!!

NOTA - No se encontró ninguno -

NOTA – No se encontró ninguno –

NOTA — No se encontró ninguno —

NOTA — No se encontró ninguno —

ABAJO el Bloqueo YA!!!!

NOTA — No se encontró ninguno —

NOTA — No se encontró ninguno —

ABAJO el Bloqueo YA!!!!

NOTA – No se encontró ninguno –

ABAJO el Bloqueo YA!!!!

NOTA – No se encontró ninguno –

ABAJO el Bloqueo YA!!!!

NOTA - No se encontró ninguno -

NOTA – No se encontró ninguno –

ABAJO el Bloqueo YA!!!!

NOTA — No se encontró ninguno —

NOTA - No se encontró ninguno -

NOTA — No se encontró ninguno —

ABAJO el Bloqueo YA!!!!

NOTA — No se encontró ninguno —

NOTA – No se encontró ninguno –

NOTA — No se encontró ninguno —

ABAJO el Bloqueo YA!!!!

NOTA - No se encontró ninguno -

ABAJO el Bloqueo YA!!!!

NOTA — No se encontró ninguno —

NOTA – No se encontró ninguno –

ABAJO el Bloqueo YA!!!!

NOTA – No se encontró ninguno –

NOTA – No se encontró ninguno –

ABAJO el Bloqueo YA!!!!

NOTA — No se encontró ninguno —

ABAJO el Bloqueo YA!!!!

NOTA — No se encontró ninguno —

ABAJO el Bloqueo YA!!!!

NOTA — No se encontró ninguno —

ABAJO el Bloqueo YA!!!!

NOTA — No se encontró ninguno —

NOTA - No se encontró ninguno -

ABAJO el Bloqueo YA!!!!

NOTA — No se encontró ninguno —

ABAJO el Bloqueo YA!!!!

NOTA — No se encontró ninguno —

ABAJO el Bloqueo YA!!!!

NOTA – No se encontró ninguno –

NOTA — No se encontró ninguno —

NOTA — No se encontró ninguno —

NOTA – No se encontró ninguno –

ABAJO el Bloqueo YA!!!!

NOTA – No se encontró ninguno –

NOTA — No se encontró ninguno —

ABAJO el Bloqueo YA!!!!

NOTA – No se encontró ninguno –

NOTA — No se encontró ninguno —

NOTA – No se encontró ninguno –

NOTA - No se encontró ninguno -

ABAJO el Bloqueo YA!!!!

NOTA — No se encontró ninguno —

NOTA — No se encontró ninguno —

ABAJO el Bloqueo YA!!!!

NOTA - No se encontró ninguno -

NOTA – No se encontró ninguno –

NOTA – No se encontró ninguno –

ABAJO el Bloqueo YA!!!!

NOTA - No se encontró ninguno -

ABAJO el Bloqueo YA!!!!

NOTA – No se encontró ninguno –

NOTA - No se encontró ninguno -

NOTA - No se encontró ninguno -

NOTA - No se encontró ninguno -

NOTA - No se encontró ninguno -

NOTA - No se encontró ninguno -

NOTA - No se encontró ninguno -

NOTA — No se encontró ninguno —

NOTA – No se encontró ninguno –

NOTA — No se encontró ninguno —

NOTA — No se encontró ninguno —

NOTA – No se encontró ninguno –

ABAJO el Bloqueo YA!!!!

NOTA - No se encontró ninguno -

NOTA — No se encontró ninguno —

ABAJO el Bloqueo YA!!!!

NOTA - No se encontró ninguno -

NOTA — No se encontró ninguno —

ABAJO el Bloqueo YA!!!!

NOTA – No se encontró ninguno –

NOTA — No se encontró ninguno —

NOTA – No se encontró ninguno –

NOTA — No se encontró ninguno —

NOTA — No se encontró ninguno —

NOTA — No se encontró ninguno —

NOTA - No se encontró ninguno -

NOTA – No se encontró ninguno –

NOTA - No se encontró ninguno -

ABAJO el Bloqueo YA!!!!

NOTA – No se encontró ninguno –

ABAJO el Bloqueo YA!!!!

NOTA – No se encontró ninguno –

ABAJO el Bloqueo YA!!!!

NOTA – No se encontró ninguno –

ABAJO el Bloqueo YA!!!!

NOTA – No se encontró ninguno –

.

NOTA - No se encontró ninguno -

ABAJO el Bloqueo YA!!!!

NOTA — No se encontró ninguno —

ABAJO el Bloqueo YA!!!!

NOTA – No se encontró ninguno –

ABAJO el Bloqueo YA!!!!

NOTA – No se encontró ninguno –

NOTA — No se encontró ninguno —

NOTA – No se encontró ninguno –

ABAJO el Bloqueo YA!!!!

NOTA — No se encontró ninguno —

NOTA — No se encontró ninguno —

NOTA — No se encontró ninguno —

NOTA – No se encontró ninguno –

ABAJO el Bloqueo YA!!!!

NOTA – No se encontró ninguno –

NOTA — No se encontró ninguno —

NOTA – No se encontró ninguno –

ABAJO el Bloqueo YA!!!!

NOTA - No se encontró ninguno -

NOTA — No se encontró ninguno —

ABAJO el Bloqueo YA!!!!

NOTA — No se encontró ninguno —

NOTA — No se encontró ninguno —

NOTA — No se encontró ninguno —

ABAJO el Bloqueo YA!!!!

NOTA – No se encontró ninguno –

NOTA - No se encontró ninguno -

ABAJO el Bloqueo YA!!!!

NOTA – No se encontró ninguno –

ABAJO el Bloqueo YA!!!!

NOTA - No se encontró ninguno -

NOTA - No se encontró ninguno -

ABAJO el Bloqueo YA!!!!

NOTA – No se encontró ninguno –

ABAJO el Bloqueo YA!!!!

NOTA — No se encontró ninguno —

ABAJO el Bloqueo YA!!!!

NOTA – No se encontró ninguno –

ABAJO el Bloqueo YA!!!!

NOTA — No se encontró ninguno —

ABAJO el Bloqueo YA!!!!

NOTA - No se encontró ninguno -

ABAJO el Bloqueo YA!!!!

NOTA — No se encontró ninguno —

NOTA — No se encontró ninguno —

NOTA – No se encontró ninguno –

ABAJO el Bloqueo YA!!!!

NOTA – No se encontró ninguno –

NOTA - No se encontró ninguno -

ABAJO el Bloqueo YA!!!!

NOTA — No se encontró ninguno —

NOTA – No se encontró ninguno –

NOTA – No se encontró ninguno –

NOTA — No se encontró ninguno —

ABAJO el Bloqueo YA!!!!

NOTA – No se encontró ninguno –

ABAJO el Bloqueo YA!!!!

NOTA — No se encontró ninguno —

NOTA - No se encontró ninguno -

NOTA — No se encontró ninguno —

NOTA - No se encontró ninguno -

ABAJO el Bloqueo YA!!!!

NOTA — No se encontró ninguno —

ABAJO el Bloqueo YA!!!!

NOTA — No se encontró ninguno —

NOTA - No se encontró ninguno -

NOTA — No se encontró ninguno —

NOTA - No se encontró ninguno -

NOTA – No se encontró ninguno –

ABAJO el Bloqueo YA!!!!

NOTA - No se encontró ninguno -

ABAJO el Bloqueo YA!!!!

NOTA — No se encontró ninguno —

ABAJO el Bloqueo YA!!!!

NOTA – No se encontró ninguno –

ABAJO el Bloqueo YA!!!!

NOTA – No se encontró ninguno –

ABAJO el Bloqueo YA!!!!

NOTA — No se encontró ninguno —

NOTA — No se encontró ninguno —

NOTA – No se encontró ninguno –

ABAJO el Bloqueo YA!!!!

NOTA – No se encontró ninguno –

NOTA - No se encontró ninguno -

ABAJO el Bloqueo YA!!!!

NOTA - No se encontró ninguno -

ABAJO el Bloqueo YA!!!!

NOTA - No se encontró ninguno -

NOTA — No se encontró ninguno —

NOTA — No se encontró ninguno —

ABAJO el Bloqueo YA!!!!

NOTA — No se encontró ninguno —

NOTA – No se encontró ninguno –

ABAJO el Bloqueo YA!!!!

NOTA – No se encontró ninguno –

ABAJO el Bloqueo YA!!!!

NOTA — No se encontró ninguno —

ABAJO el Bloqueo YA!!!!

NOTA — No se encontró ninguno —

NOTA — No se encontró ninguno —

ABAJO el Bloqueo YA!!!!

NOTA - No se encontró ninguno -

NOTA — No se encontró ninguno —

.

ABAJO el Bloqueo YA!!!!

NOTA – No se encontró ninguno –

ABAJO el Bloqueo YA!!!!

NOTA — No se encontró ninguno —

ABAJO el Bloqueo YA!!!!

NOTA – No se encontró ninguno –

ABAJO el Bloqueo YA!!!!

NOTA – No se encontró ninguno –

ABAJO el Bloqueo YA!!!!

NOTA — No se encontró ninguno —

NOTA — No se encontró ninguno —

ABAJO el Bloqueo YA!!!!

NOTA — No se encontró ninguno —

ABAJO el Bloqueo YA!!!!

NOTA – No se encontró ninguno –

NOTA – No se encontró ninguno –

NOTA – No se encontró ninguno –

NOTA – No se encontró ninguno –

NOTA - No se encontró ninguno -

ABAJO el Bloqueo YA!!!!

NOTA — No se encontró ninguno —

ABAJO el Bloqueo YA!!!!

NOTA — No se encontró ninguno —

NOTA – No se encontró ninguno –

ABAJO el Bloqueo YA!!!!

NOTA — No se encontró ninguno —

SOBRE EL AUTOR

Skinbombo Creative Factory es el autor de una serie de libros para gente inteligente, sentido crítico y que ve las cosas de otra forma. Ya se sabe, a buen entendedor...
Con su colección "Write in White" queremos decir las cosas claras pero de una forma diferente... Sin tantas palabras, pero con mucho, mucho humor

.

www.ingramcontent.com/pod-product-compliance
Lightning Source LLC
Chambersburg PA
CBHW071321310526
45789CB00015B/79